교과 연계 시리즈 02
노동, 인권, 직업

초등학생이 꼭 알아야 할 **노동 이야기**

우리 아빠는 행복한 노동자예요

글 유혜진 그림 이유나

책읽는달

차례

5월의 숨은 날 5

★ 노 동 집 중 탐 구 ★
대통령도 노동자래요

쉬는 시간이 사라졌어요! 18

★ 노 동 집 중 탐 구 ★
정규직과 비정규직

우리 동네 노동자를 찾아라 30

★ 노 동 집 중 탐 구 ★
근로기준법과 주 52시간 근무제

내 꿈은 편의점 사장 42

★ 노동 집중 탐구 ★
꼭꼭 숨은 노동, 가사 노동

아빠는 행복한 노동자예요 54

★ 노동 집중 탐구 ★
청소년 아르바이트

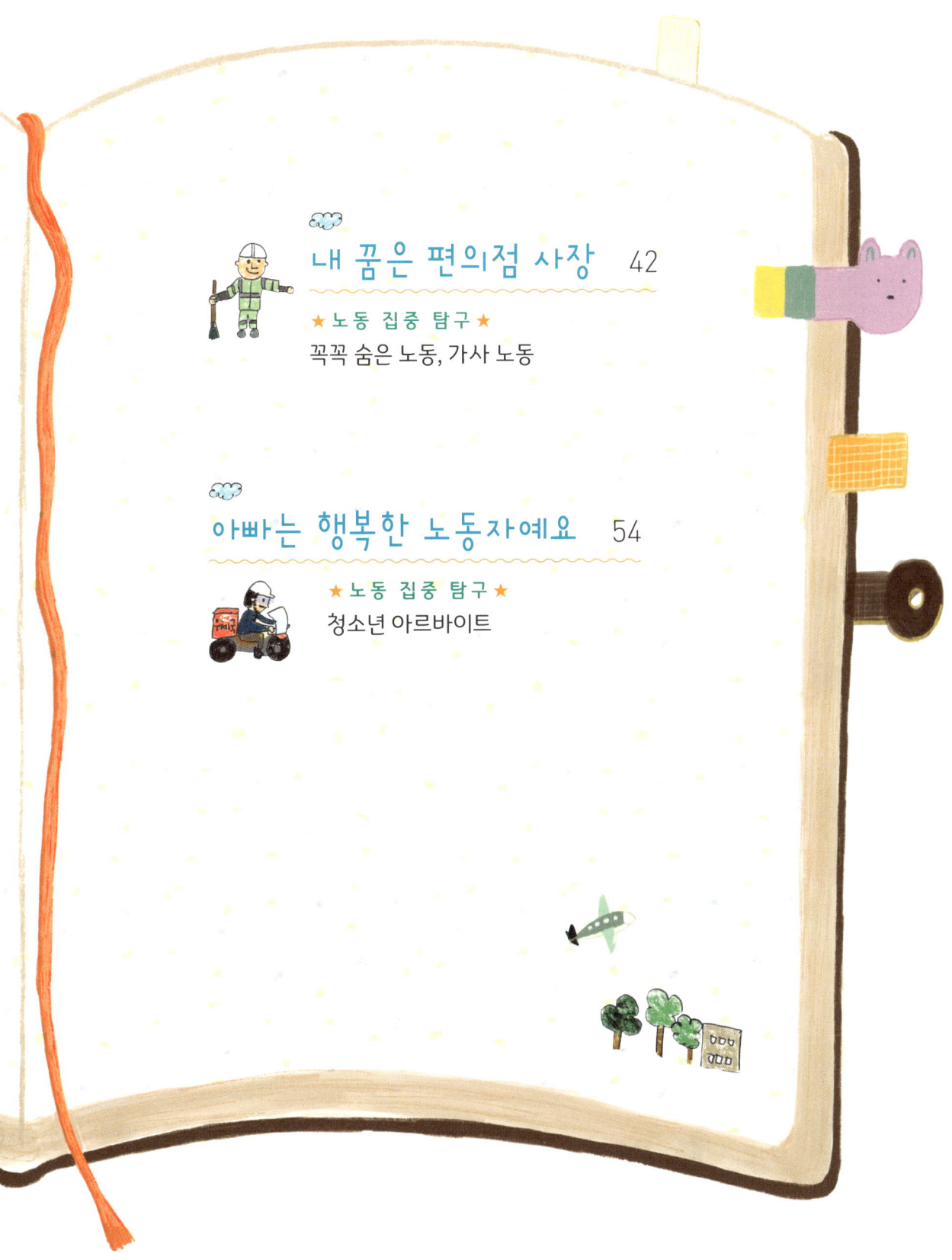

5월의 숨은 날

신호등이 초록불로 바뀠어요. 얼른 달려가고 싶은데 울퉁불퉁한 아스팔트가 내 발을 잡아요. 미디어도서관에 들어가자마자 남자 화장실로 갔어요. 곱슬머리에 물을 묻혀 옆으로 빗어 넘기고, 살짝 돌아간 어린이 기자단 배지를 바로 했어요. 내가 봐도 멋있어요.

나는 고원동 어린이 기자단 기자예요. 어린이 기자들은 미디어도서관에 모여서 회의도 하고, 신문에 들어갈 자료 조사와 기사를 써요. 우리 기사가 모여 우리 마을의 어린이 신문이 탄생해요.

어린이 기자단 회의실의 문을 열었어요. 윤이가 나에게 손을 흔들며 말했어요.

"문하준, 여기 앉아."

윤이의 긴 머리가 찰랑거려요. 어린이 기자단은 2학년부터 6학년까지 모두 10명이에요. 2학년은 나랑 윤이 둘이에요. 6학년 형이 큰 소리로 말했어요.

"나 어린이날, 제주도 간다."

말이 끝나자 여기저기에서 자랑이 이어졌어요. 놀이동산, 물놀이장, 휴양림까지 재미있고 신나는 계획이 쏟아졌어요. 나는 기자 수첩을 뒤적거렸어요. 이번 어린이날에는 집에 있어야 할 것 같아요. 새 아파트 단지의 입주 때문에 아빠가 정신없이 바쁘거든요. 우리 아빠는 인터넷 설치 기사예요. 아침부터 늦은 저녁까지 집과 회사를 다니며 인터넷을 연결해요.

우리를 지켜보던 어린이 기자단 선생님이 물으셨어요.

"5월에는 중요한 기념일이 많지요. 어떤 기념일이 있나요?"

물론 어린이날이 일등으로 나왔어요. 스승의 날, 어버이날, 부처님 오신 날까지 대답하고는 모두 조용해졌어요. 선생님이 고개를 끄덕이며 말했어요.

"5월 1일 근로자의 날도 있어요. 전 세계가 근로자의 날을 기념하지요."

세계인들이 근로자를 기념한다니, 근로자는 엄청 대단한 사람인가 봐요. 나는 선생님께 물었어요.

"근로자는 어떤 사람이에요?"

5, 6학년들이 나를 보며 키득거렸어요. 선생님이 미소 지으며 대답하셨어요.

"근로자는 노동자를 말해요. 일하는 사람을 노동자라고 해요."

노동자라는 말에 사람들이 싫어하는 궂은일을 하는 모습이 그려졌어요. 6학년 누나가 물었어요.

"노동자는 힘든 일을 하는 사람이죠?"

선생님이 잠시 생각을 하고는 말을 이으셨어요.

"노동자는 보람되고, 가치 있는 일을 하는 사람이에요. 우리나라 사람들은 대부분 노동자예요."

기자단이 웅성거렸어요. 윤이가 물었어요.

"선생님, 회사에 다니시는 우리 아빠도 노동자예요?"

선생님이 고개를 끄덕였어요. 너도나도 부모님 직업을 말하며 노동자인지 물었어요. 선생님이 일어서서 말했어요.

"회사원도, 버스 운전사도, 식당에서 일하시는 분도 노동자고, 대통령도 노동자예요. 이번 신문은 노동자를 주제로 만들어 봐요. 여러분도 자라서 노동자가 될 거예요. 노동자에 대해 미리 알아보면 좋을 거예요."

대통령이 노동자라니 놀랐어요. 노동자가 대단하게 느껴져요. 나도 대통령처럼 누가 봐도 멋진 노동자가 되고 싶어요.

우리는 도서관 여기저기로 흩어졌어요. 노동에 대한 책도 읽고, 인터넷에서 자료를 찾아서 다시 모였어요. 나랑 윤이는 우리 동네에 숨어 있는 노동자를 찾아 인터뷰하기로 했어요. 윤이가 기자 수첩을 펼치며 말했어요.

"우리 아빠랑 엄마를 인터뷰하면 멋질 텐데."

윤이가 아빠 자랑을 했어요. 윤이 아빠는 큰 여행사 과장이래요. 세계 지도를 보며 멋진 여행 계획을 세우고, 사람들을 이끌고 낯선 나라를 돌아다니는 윤이 아빠의 모습이 그려졌어요. 세계 여행도 하고 여러 나라의 유명하고 맛있는 음식도 먹는 여행사 직원이 되어도 좋을 것 같아요. 윤이가 선생님 눈치를 살피며 책상 밑으로 스마트폰을 내밀었어요.

"이거 엄마가 월급 올랐다고 사준 거야. 우리 엄마는 학원에서 고등학

생을 가르쳐. 멋지지?"

손자국 하나 없는 스마트폰 화면에 내 얼굴이 비쳤어요. 입을 헤벌쭉 벌린 내가 보여요. 윤이가 화면 아래에 있는 버튼에 엄지손가락을 대자 화면이 켜졌어요. 스마트폰을 만지고 싶어서 침이 꼴깍 넘어갔어요.

"하준아, 이 스마트폰 내가 말하면 사진도 찍고, 전화도 걸어."

"엄마가 스마트폰도 사주고 좋겠다."

그때 스마트폰에서 갑자기 여자 목소리가 나왔어요.

"네, 엄마님께 전화를 걸까요?"

그 소리에 어린이 기자단 형, 누나들이 우리를 보았어요. 윤이가 서둘러 스마트폰을 가방에 넣었어요. 선생님이 우리를 보며 눈살을 찌푸렸어요.

"스마트폰 금지라고 했는데……."

"죄송해요."

윤이가 꾸벅 인사를 했어요. 선생님이 뒤쪽으로 가자 윤이가 다시 내게 물었어요.

"너희 아빠랑 엄마는 무슨 일을 해?"

"아빠는 인터넷 설치 기사야. 항상 친절 사원으로 뽑혀. 컴퓨터도 척척 박사야."

윤이가 고개를 끄덕이며 내 얘기를 듣다가 물었어요.

"엄마는?"

사탕이 목구멍에 걸린 듯 말이 안 나와요. 스마트폰을 사주는 멋진 윤이 엄마와 집에 있는 엄마가 나란히 서 있는 모습이 떠올라요. 대답하는 내 목소리가 기어들어 가요.

"일 안 하는데……. 집에 계셔."

"가정주부시구나. 집에 가면 엄마가 항상 있겠다. 좋겠다."

"뭐가 좋아. 맨날 쫓아다니며 잔소리만 하는걸. 난 스마트폰 사주는 엄마가 있는 네가 더 부러워."

괜히 입술이 삐죽 나와요. 그때 선생님이 말했어요.

"다음 시간까지 노동자에 대해 취재하고 느낀 점을 바탕으로 기사를 써 오세요. 노동자인 부모님 직업을 조사해도 좋아요."

"네!"

우리는 씩씩하게 대답을 했어요. 윤이와 취재할 날을 정하고 회의실을 나왔어요. 미디어 도서관 문 앞에 엄마가 서 있어요. 엄마가 내 손을 잡으며 물었어요.

"재밌었어?"

나는 고개를 끄덕이다 엄마를 보았어요.

"엄마는 왜 일 안 해?"

"어? 엄마가 일하면 하준이 봐줄 사람이 없잖아. 그리고……."

엄마가 배를 만졌어요. 그때 윤이가 스마트폰에 대고 "할머니께 전화 걸어줘."라고 말했어요. 윤이가 미래에서 온 사람 같이 멋져 보여요.

"나 다 컸어. 이제 혼자 있을 수 있어. 윤이 엄마는 학원 강사인데 월급을 엄청 많이 받는대. 윤이 스마트폰도 사줬어. 엄마도 일해서 나 스마트폰 사주라."

내 말에 엄마가 목소리를 높이며 말했어요.

"엄마도 일해. 집안일!"

"그게 무슨 일이야. 노동이 아니잖아."

엄마가 나를 노려보며 말했어요.

"집안일도 노동이야, 가사 노동. 그게 얼마나 힘든데."

"가사 노동? 그런 말도 있어? 아무튼 집안일이 뭐가 힘들어? 다른 엄마들도 다 하는데……. 그리고 빨래는 세탁기가, 청소는 청소기가 하잖아."

"뭐라고!"

엄마가 팔짱을 끼며 나를 노려봤어요. 주위에서 웅성거리는 소리가 들려요. 다른 엄마들이 나를 무섭게 노려보고 있었어요.

어린이 기자 수첩

노 동 집 중 탐 구

대통령도 노동자래요

문하준, 박윤 기자

 어린이 기자단 이윤정 선생님을 모시고 노동에 대해서 알아보겠습니다. 대통령도 노동자라는 말에 많이 놀랐어요. 선생님, 일하는 사람은 모두 노동자인가요?

 그렇지 않아요. 노동은 사람이 생활하는데 필요한 물자를 얻기 위해서 육체적, 정신적 노력을 쏟는 것이에요. 노동을 하는 사람을 노동자라고 하지만 조건이 있어요. 병원을 가진 의사는 노동자가 아니고, 병원에서 월급을 받고 일하는 의사는 노동자예요.

 무슨 수수께끼 같아요. 다 똑같은 의사인데 왜 다른 거죠?

 병원을 소유하고 있기 때문에 노동자가 아니라 사업자가 되는 거예요. 농사를 지을 땅, 가게, 회사나 공장을 갖고 있는 사람은 노동은 하지만 노동자는 아니에요. 노동자는 자신이 일한 대가로 임금을 받아 생활하는 사람을 뜻해요.

 노동에 대해 조사를 하다 보니 근로와 노동이라는 단어가 섞여서 나와요. 같은 뜻인데 통일해서 써야 하지 않을까요?

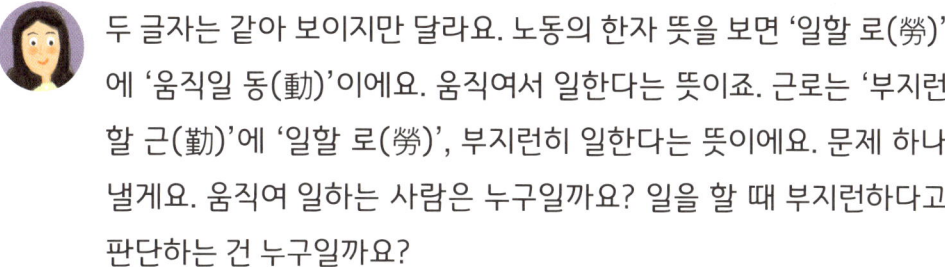 두 글자는 같아 보이지만 달라요. 노동의 한자 뜻을 보면 '일할 로(勞)'에 '움직일 동(動)'이에요. 움직여서 일한다는 뜻이죠. 근로는 '부지런할 근(勤)'에 '일할 로(勞)', 부지런히 일한다는 뜻이에요. 문제 하나 낼게요. 움직여 일하는 사람은 누구일까요? 일을 할 때 부지런하다고 판단하는 건 누구일까요?

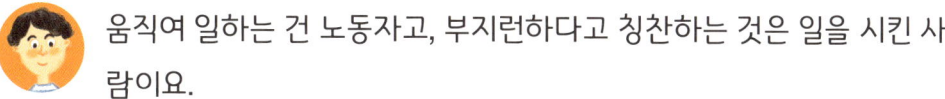 움직여 일하는 건 노동자고, 부지런하다고 칭찬하는 것은 일을 시킨 사람이요.

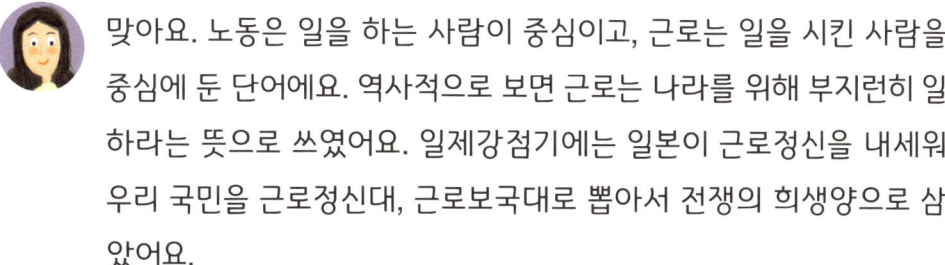 맞아요. 노동은 일을 하는 사람이 중심이고, 근로는 일을 시킨 사람을 중심에 둔 단어에요. 역사적으로 보면 근로는 나라를 위해 부지런히 일하라는 뜻으로 쓰였어요. 일제강점기에는 일본이 근로정신을 내세워 우리 국민을 근로정신대, 근로보국대로 뽑아서 전쟁의 희생양으로 삼았어요.

 정말 너무해요.

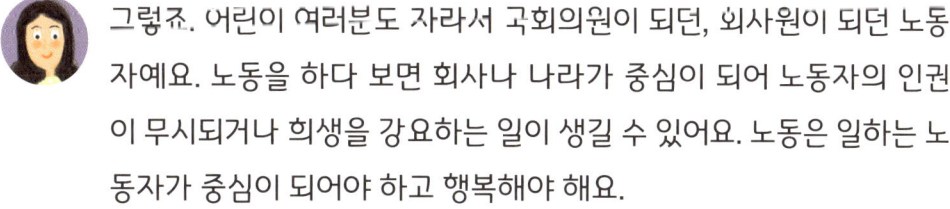 그렇죠. 어린이 여러분도 자라서 국회의원이 되던, 회사원이 되던 노동자예요. 노동을 하다 보면 회사나 나라가 중심이 되어 노동자의 인권이 무시되거나 희생을 강요하는 일이 생길 수 있어요. 노동은 일하는 노동자가 중심이 되어야 하고 행복해야 해요.

 저는 제가 중심이 되는 노동자가 될래요.

 저도요! 선생님 노동에 대해서 알려주셔서 감사합니다.

쉬는 시간이 사라졌어요!

"문하준, 빨리 와."

윤이가 버스에서 내리자마자 뛰기 시작했어요. 나는 손을 저으며 말했

어요.

"힘들어. 그냥, 걷자."

아침을 못 먹어서 힘이 없어요. 개교기념일에 일찍 나가야 한다고 말했는데 엄마는 또 늦잠을 잤어요. 아무래도 밤 늦게까지 드라마를 본 모양이에요.

윤이는 노래를 흥얼거리며 잰걸음으로 걸어요. 아빠 회사에 취재를 가니 신나겠지요. 인터넷 설치 기사인 우리 아빠는 여러 회사와 집을 방문해서 일하기 때문에 취재가 어려워요. 그래서 여행사 직원인 윤이 아빠를 함께 취재하기로 했어요.

아침인데도 인사동 거리에 외국인 관광객이 꽤 많아요. 우리는 인사동 거리를 가로질러 높은 건물이 있는 곳으로 갔어요. 윤이가 '해피투어'라는 간판이 달린 건물을 가리켰어요.

"여기가 우리 아빠 회사야. 들어가자."

입구에 지하철 개찰구 같은 게 있어요. 해피투어 직원들이 목걸이 이름표를 개찰구에 대자 문이 열렸어요.

"윤이야, 이름표가 있어야 들어가나 봐."

"이름표가 아니고, 사원증이야. 우리도 만들자."

윤이가 씩씩하게 안내대로 갔어요. 경비원이 우리에게 서류를 내밀었어요. 방문자 이름, 연락처, 방문 부서와 목적을 적어야 해요. 서류에 내 이름을 쓰자, 해피투어 직원이 된 것 같아 어깨가 으쓱거려요.

드디어 일일 방문증이 나왔어요. 방문증을 개찰구에 대자 문이 활짝 열렸어요. 윤이가 방문증을 만지며 말했어요.

"이제 해외여행지원부로 가면 돼."

해외여행이라는 말에 세계 곳곳의 사진이 걸려 있는 사무실이 떠올랐어요. 직원들이 탐험가처럼 세계지도를 보며 여행 계획을 세우고 있겠

죠. 사무실 문을 여는데 마치 모험을 떠나는 것처럼 설렜어요.

'탁, 탁탁탁.'

컴퓨터 자판 소리와 전화벨 소리가 들려요. 벽에는 서류가 쌓여 있고, 책상마다 칸막이가 있어요. 텔레비전에서 자주 봤던 사무실이에요. 사람들이 컴퓨터 앞에서 일을 해요. 내가 상상하던 여행사의 모습이 아니에요. 잔뜩 부풀었던 마음이 쪼그라드는 것 같아요.

우리는 윤이 아빠에게 갔어요. 윤이 아빠가 일어서며 사람들에게 말했어요.

"잠깐만, 여기 좀 봐줘요."

사무실에서 일하던 사람들이 칸막이 밖으로 얼굴을 내밀고 우리를 봤어요. 윤이 아빠가 이어 말했어요.

"어린이 기자단이 우리 회사를 취재하러 왔어요. 자, 인사해야지."

나는 가슴을 펴며 말했어요.

"안녕하세요. 저는 고원동 어린이 기자단 문하준입니다."

"안녕하세요. 저는 고원동 어린이 기자단 박윤입니다."

우리가 고개를 숙여 인사하자 직원들이 박수로 답했어요. 우리는 윤이 아빠를 따라 회의실과 커피, 차, 간식이 있는 탕비실을 구경했어요. 나는 윤이 아빠에게 조심스럽게 물었어요.

"해외여행지원부에서는 무슨 일을 해요? 해외여행을 다니는 거예요?"

"사람들이 해외여행을 가는데 필요한 서류를 만들고 비행기, 숙소를 예약해주는 일을 해. 해외여행을 같이 가지는 않고, 공항에 가서 비행 수속을 돕고, 사람들에게 여행 일정을 설명하지."

공항은 가는데 해외여행은 가지 않는다니, 꼭 놀이동산 주차장에 갔다가 그냥 돌아오는 것처럼 실망스러워요. 윤이도 작게 한숨을 쉬었어요.

우리는 사무실을 돌아다니며 직원들이 하는 일을 보았어요. 영어와 한자가 섞여 있는 서류와 여권을 비교하는 직원들, 해외여행 일정과 주의 사항을 인쇄해서 비닐 팩에 넣는 직원들도 있어요. 해외의 여기저기로 전화를 걸며 예약을 하는 직원들도 있어요. 나도 모르게 하품이 나왔어요.

"윤이야, 쉬는 시간은 언제야?"

"그러게, 벨 안 울리네."

우리가 두리번거리자 주위에 있던 직원들이 키득거렸어요. 윤이 아빠가 다가와 말했어요.

"회사에 쉬는 시간이 어디 있어."

쉬는 시간이 없다니 말도 안 돼요. 나는 자리에서 벌떡 일어났어

요.

"그럼 언제 쉬어요? 계속 앉아서 일만 하는 거예요?"

"차도 마시고, 잠깐 나가서 쉬기도 해. 따로 쉬는 시간은 없단다."

"혹시, 점심시간도 없는 건 아니죠?"

'꼬르륵' 소리가 나는 배를 잡고 내가 물었어요.

"당연히 있지. 곧 점심시간이네. 그런데 아저씨는 너희랑 같이 밥 못 먹어. 갑자기 단체 여행 예약이 들어와서 회의를 해야 하거든. 둘이 점심 먹고 올 수 있지?"

"응. 그런데 아빠는? 밥 못 먹는 건 아니지?"

　아빠를 쳐다보는 윤이 눈동자가 흔들렸어요. 걱정이 되는 모양이에요.

"김밥 사다 먹으면 돼."

　직원들이 회의실로 들어갔어요. 컴퓨터를 계속 봐서 그런지 눈 밑이 시커멓고, 얕은 주름이 생겼어요. 아침에 보았던 생생하고 활기찬 얼굴들이 아니에요. 쉬는 시간도 없이 일해서 힘든가 봐요.

　나는 회사를 나오자마자 바로 기지개를 켰어요. 윤이가 한숨을 쉬며 말했어요.

"김밥만 먹으면 목 막히는데."

아빠 걱정에 윤이는 고개를 숙이며 걸었어요. 우리보고 점심시간에도 계속 공부하라고 하면 소리를 지르고 화를 낼걸요. 회사원은 재미없어 보여요. 아침에는 양복을 입고 사원증을 목에 걸고 출근하는 게 멋있어 보였는데 지금은 아니에요. 계속 앉아서 일해야 하고, 그림도 하나 없는 지루한 서류를 봐야 하잖아요. 쉬는 시간도 없고, 일 때문에 밥도 제대로 못 먹고, 늦게까지 일해야 하잖아요. 자기는 가지도 못하는 여행을 돕는 일이라니 정말 재미없어요.

우리는 인사동에 있는 한 식당으로 갔어요. 가이드와 외국인 단체 관광객이 우르르 들어왔어요. 가이드는 메뉴를 설명하느라 자리에 앉지도 못했어요. 여행사 직원이 해외여행을 가면 딱 저런 모습이겠죠. 여행을 가도 일을 해야 한다니 말도 안 돼요. 소풍 가서 시험을 보는 기분일 거예요. 그런 소풍이라면 나는 차라리 비가 오라고 기도할 거예요. 윤이가 가이드를 보며 말했어요.

"여행사 일, 진짜 힘들다. 여행도 하고 즐거운 일인 줄 알았는데."

가이드가 상추와 깻잎을 겹쳐 들고, 쌀밥에 불고기를 올렸어요. 쌈장에 찍은 마늘을 올리고 쌈을 동그랗게 만들었어요. 예쁘게 싼 쌈을 옆에 있는 외국인의 입에 넣어 줬어요. 모두 쌈을 우물거리는 외국인을 보았

어요. 조심스럽게 쌈을 먹던 외국인이 활짝 웃었어요. 다른 외국인 관광객들도 너도나도 쌈을 싸 먹어요. 여기저기에서 감탄사가 나왔어요.

외국인이 쌈밥을 우물거리는 모습에 나도 모르게 어깨가 으쓱거리고, 우리나라 불고기와 쌈이 자랑스러워요. 외국인이 쌈을 먹는 모습을 보며 가이드가 활짝 웃었어요.

회사에 돌아와서도 쌈을 먹던 관광객들과 즐겁게 지켜보던 가이드가 떠올랐어요. 여행사 직원들이 하는 일을 이제 알겠어요. 열심히 일하는 회사원들이 다시 멋있어 보였어요.

이제 돌아갈 시간이 되었어요. 직원들에게 인사하는데 윤이 아빠가 물었어요.

"하준아, 오늘 어땠어?"

"사실, 처음에는 회사원들의 일이 시시하고 지루해 보였어요. 점심시간에 외국인 관광객을 도와주는 가이드를 보았어요. 가이드 덕분에 외국인이 쌈밥을 맛있게 먹었어요. 여행을 도와주는 여행사 직원들이 없었다면 외국인 관광객은 쌈도 못 먹고, 인사동 구경도 제대로 못 했을 거예요. 여행사 직원들 덕분에 사람들이 즐겁고 쉽게 여행하는 거였어요. 사람들에게 행복한 여행을 선물하는 일, 멋있어요."

내 말에 직원들이 손뼉을 쳤어요. 윤이가 활짝 웃었어요.

어린이 기자수첩

노 동 집 중 탐 구

정규직과 비정규직

박윤 기자

👧 아빠가 일하는 걸 지켜보니, 회사 생활이 얼마나 힘든지 이제야 알겠어요. 책상에 가만히 앉아 있는 게 가장 힘들었고, 쉬는 시간도 없었어요. 회사원은 회의도 너무 길게 하고, 야근도 자주 해요. 그래서 여행사에 다니시는 아빠를 모시고 이야기 나눠보겠습니다.

👨 안녕하세요. 해피투어 해외여행지원부 박준영 과장입니다. 회사 생활이 힘든 점도 있지만 좋은 점도 많아요. 사람들이 여행을 잘 다녀왔다고 인사를 할 때, 여행지에서 행복하게 웃고 있는 사진을 볼 때 정말 뿌듯해요. 무엇보다 임금을 받을 때 가장 즐거워요. 내가 번 돈으로 가족이 즐겁게 생활하죠. 주말에는 영화도 보고, 윤이랑 같이 드론도 날릴 수 있잖아요.

👧 일주일에 노는 날은 이틀뿐이잖아요. 가끔 주말에도 일하러 가잖아요. 사실 저는 매일 학교 가는 게 힘들어요. 일주일 내내 좋아하는 드론만 날리고 싶어요. 어른이 되면 매일 회사에 나가야 하잖아요.

좋아하는 일을 찾으면 돼요. 세상에는 다양한 일이 많고, 새로 만들어지기도 해요. 드론이 개발된 후 드론으로 농약도 뿌리고, 위험한 사고 현장에서도 사용하고 있어요. 또 영화 촬영도 하고, 물건도 배달할 수 있어요. 산에서 담배를 피우거나 자연을 훼손하는 사람들도 찾아내죠. 드론이 발전하면서 드론 조종전문가, 드론을 가르쳐 주는 선생님 등 다양한 직업이 생겨났어요. 그리고 무엇보다 드론을 사려면 돈이 필요하죠. 그 돈은 노동으로 얻어지는 거예요.

 내가 좋아하는 드론을 조종하는 일을 한다면 일주일 내내 밤새며 일할 수 있어요. 그런데 드론 조종사도 비정규직, 정규직이 나뉘나요? 사람을 정규직, 비정규직을 나눠서 차별하는 건 나쁜데, 왜 그런 제도가 만들어진 거예요?

 회사 운영이 편리하도록 만든 거예요. 회사에서 보면 청소부가 온종일 있을 필요가 없어요. 그래서 청소부를 비정규직으로 채용해서 회사가 필요한 기간에만 노동을 시키고 필요가 없어지면 노동자와 계약을 끝내는 거죠. 그러다 보니 노동자의 가치가 회사의 입장에 따라 달라지고 노동자들은 언제 회사를 그만두게 될지 몰라 불안하게 돼요. 열심히 일해도 비정규직으로 남는다면 누가 일을 하고 싶겠어요. 그래서 요즘 비정규직을 없애는 회사들이 늘어나고 있어요. 노동 환경과 제도를 좋게 만들기 위해서는 노동자도 노력해야 해요. 어렵지만 불합리한 제도나 상황에서 당당히 말하고 바꿔가야 하죠. 그것이 우리의 가치를 스스로 높이는 길이에요.

우리 동네 노동자를 찾아라

 윤이가 목을 빼고 미용실 안을 보았어요. 빨간 수건을 두른 할머니 네 분이 빨대로 요구르트를 마시고 있어요. 나는 미용실 앞에 쭈그려 앉으며 말했어요.

 "미용사는 어디 갔지? 미용사가 노동자가 아니면 어쩌지? 또 다른 데 가야 하나."

 동네를 두 바퀴나 돌아다녔는데 노동자를 만나지 못했어요. 뒤에서 '쪽쪽' 빨대 소리가 나요. 할머니 네 분이 우리를 보고 있었어요. 배가 볼록 나온 할머니가 물었어요.

 "노동자는 왜 찾아?"

 나는 우리 동네 노동자 인터뷰에 대해 말했어요. 할머니들이 동시에 말했어요.

 "그럼 잘 찾아왔네, 우리가 노동자야. 우리 일하는데 구경 갈래?"

우리는 빨간 수건을 두른 할머니들을 따라 빌라로 들어갔어요. 현관문을 열자 커다란 탁자와 재봉틀 네 대가 보였어요. 벽 한쪽에 현수막과 재활용 상자에서 나왔을 것 같은 청바지와 옷, 이불이 쌓여 있어요. 벽에는 헝겊으로 만든 '업사이클 상상 공장'이란 글자가 걸려 있어요. 나는 할머니들에게 물었어요.

"업사이클이 뭐예요?"

"보여 줄까?"

키가 큰 할머니가 양복을 꺼내며 말했어요. 할머니들이 양복, 청바지, 현수막을 가지고 재봉틀 앞에 앉았어요. 옷과 현수막을 가위로 삭둑삭둑 잘랐어요. 할머니들이 재봉질을 하니 현수막은 장바구니로, 양복은 책가방으로, 청바지는 어깨에 메는 가방으로 변신했어요. 윤이가 놀라서 말했어요.

"양복이 가방이 됐어요. 꼭 마술 같아요."

키가 큰 할머니가 고개를 끄덕이며 말했어요.

"재활용품으로 새로운 물건을 만드는 걸 업사이클이라고 해. 우리는 여기서 재봉질을 하는 노동자야."

나는 할머니들의 손을 보았어요.

손가락 마디가 불룩하고 손등에는 흉터가 있어요. 오른쪽 어깨가 눈에

띄게 내려가 있어요.

"그 흉터는 뭐예요? 어깨는 왜 삐딱해요?"

할머니들이 손등을 보며 한숨을 쉬었어요. 할머니들은 열네 살, 열다섯 살 때부터 일을 시작했대요. 하얀 먼지가 눈처럼 쌓여 있는 공장에서 무거운 옷감을 나르고, 온갖 심부름을 했대요. 할머니들은 힘든 일을 버텨가며 기술을 배워서 재봉사가 되었죠. 오랜 세월 재봉질을 하다 보니 어깨가 틀어지고, 재봉 바늘에 수도 없이 찔려서 손에 흉터가 생긴 거래요.

우리 동네 문화센터에서 그림을 그리고, 장구와 노래를 배우던 할머니들이 떠올

랐어요. 할머니들은 어린 나이부터 일을 시작했는데 지금도 쉬지 못하고 일을 하는 게 안쓰러워요.

"일하는 거 지겹지 않으세요? 이제 그만두시고 쉬셔도 되잖아요."

내 말에 할머니 네 분이 눈을 동그랗게 뜨며 고개를 흔들었어요. 한 할머니가 가방을 보며 말했어요.

"무슨 소리야. 일이 얼마나 좋은데. 재봉질로 아이들 대학도 보내고, 결혼도 시켰어. 물론 힘들기도 했지. 이삼일씩 잠도 못 자고 일하고, 화장실 갈 시간이 없어서 방광염을 달고 살았어. 월급을 제대로 못 받기도 하고, 억울한 일을 당해도 회사에서 자를까 봐 아무 말도 못 했었지."

윤이가 화가 난 목소리로 말했어요.

"그러면 안 돼요. 근로기준법이 있잖아요."

"맞아. 근로기준법을 알고 나서 우리는 노동조합을 만들었어. 그래서

노동 환경도 바꿨지. 우리가 정년퇴직한 지 꽤 됐으니까 요즘은 더 좋아졌을 거야. 그리고 여기서 일하는 게 정말 재밌어. 일하는 시간도 예전보다 자유롭고, 가방 디자인도 직접 해. 사람들이 우리 가방을 좋아하는 걸 보면 기분 최고야! 무엇보다 내가 돈 벌어서 파마도 하고, 손녀, 손자에게 용돈도 주지, 여행도 가지, 얼마나 좋아. 이 흉터는 재봉사로서 열심히 잘 살았다는 표시이고, 상장이야."

할머니들이 활짝 웃었어요. 흉터가 상장이라는 말이 자꾸 맴돌았어요. 공부할 때는 놀고 싶어 엉덩이가 들썩이고 힘들지만 100점을 맞으면 신나는 거랑 비슷할 것 같아요. 일하는 건 힘들지만 그만큼 행복이 큰 거였어요. 할머니들이 만든 가방과 지갑, 인형이 반짝거리는 보석 같아, 나도 모르게 소리를 쳤어요.

"할머니들은 디자이너예요. 재봉틀 디자이너요."

할머니들이 박수를 치며 좋아하셨어요.

"재봉틀 디자이너, 정말 마음에 든다."

어느새 할머니들의 이야기로 기자 수첩이 가득 찼어요. 우리는 인사를 하고 일터를 나왔어요. 수첩을 보며 빌라 골목을 걷는데, 윤이가 소리를 질렀어요.

"어, 왜 저러지?"

안전모를 쓰고, BN통신 조끼를 입은 아저씨가 빌라 옥상에서 전봇대를 향해 손을 뻗고 있어요. BN통신은 우리 아빠 회사에요. 아저씨는 전봇대에 있는 줄을 잡으려고 허리까지 옥상 밖으로 뺐어요. 꼭 떨어질 것 같아 조마조마해요. 우리는 눈을 못 떼고 아저씨를 보았어요.

아저씨가 줄을 잡으려다 휘청거렸어요. 우리는 너무 놀라 소리를 질렀어요. 아저씨가 우리를 보았어요. 아빠예요. 심장이 '쿵' 하고 내려앉았어요. 나도 모르게 큰소리가 나왔어요.

"아빠, 위험하게 거기서 뭐 하는 거야."

아빠가 나를 보더니 곧바로 달려왔어요. 나는 놀라고 걱정스러운 마음에 심장이 쿵쾅거리는데, 아빠는 활짝 웃으며 걸어왔어요. 아빠의 새하얀 셔츠가 먼지로 얼룩덜룩해요.

"어린이 기자님들, 취재는 잘했어요?"

윤이가 고개를 끄떡이다 아빠에게 물었어요.

"옥상에서 왜 밖으로 손을 빼세요? 위험하잖아요."

"저기 전봇대의 선 보이지. 저 선이 있어야 빌라에 인터넷을 연결할 수 있어. 전봇대에 다시 올라가야겠다. 선이 좀 짧아서 옥상에 걸리지 않네."

옥상도 위험해 보였는데 전봇대에 올라간다니 나는 놀라 입이 벌어졌어요. 아빠가 안전모를 두드리며 말했어요.

"안전띠에 안전모도 쓰고 오를 거라 괜찮아."

나는 전봇대를 오르는 아빠를 보았어요. 안전모와 안전띠까지 했는데도 아빠가 발을 뗄 때마다 심장이 쿵쾅거렸어요. 아빠가 선을 옥상으로 던졌어요. 다행히 선이 옥상 난관에 걸렸어요.

아빠가 땀을 흘리며 옥상으로 올라갔어요. 선을 옥상에 고정하고는 빌라 창문까지 선을 내렸어요. 아빠는 우리에게 손을 흔들고는 곧바로 빌라로 들어갔어요. 컴퓨터랑 텔레비전에 인터넷을 연결하는 게 이렇게 위험한 일인 줄은 몰랐어요.

집에 오는 내내 옥상에서 아슬아슬하게 손을 뻗던 아빠가 떠올랐어요. 집에 도착하니 엄마가 소파에 앉아 우편물을 보고 있어요. 나는 베란다로 갔어요. 우리 집이 4층이니 조금 전 아빠가 오른 빌라 옥상의 높이랑 비슷할 거예요. 창문을 열고 아래를 보았어요. 바닥이 까마득해요. 머리가 띵하고 등줄기에서 땀이 흘렀어요.

퇴근 시간이라 아파트 입구에 사람들이 많아요. 양복을 입고 서류 가방을 든 아저씨들이 집으로 가고 있어요. 우리 아빠도 전봇대를

오르거나 바쁘게 아파트와 건물, 빌라를 돌아다니는 게 아니라 양복을 입고 사무실에서 안전하게 일했으면 좋겠어요.

그때 현관문 소리가 났어요. 아빠가 커다란 가방을 바닥에 내려놨어요. 엄마가 종이를 흔들며 아빠에게 큰소리로 말했어요.

"이거 어쩔 거야. 과속 범칙금 나왔어. 저번에도 주차 위반해서 4만 원 냈잖아. 비 오는 날 빨리 달리면 위험하잖아! 이번이 몇 번째야."

"고객이랑 약속한 시간을 지키려면 어쩔 수……."

아빠는 엄마 눈치를 보며 말끝을 흐렸어요. 엄마는 계속 화를 내며 말했어요. 힘들게 일하고 온 아빠가 잔소리를 듣고 있는 모습이 안쓰러워요. 나는 방패처럼 아빠 앞에 섰어요. 팔짱을 끼고 엄마에게 말했어요.

"그만해, 엄마. 아빠 힘들게 일하다 왔단 말이야. 엄마는 집에만 있으니까 아무것도 모르지."

엄마가 눈을 동그랗게 떴어요. 나는 씩씩거리다 방으로 들어왔어요.

어린이 기자 수첩

노 동 집 중 탐 구

근로기준법과 주 52시간 근무제

박윤, 문하준 기자

재활용 옷과 천을 가방으로 탄생시키는 재봉틀 디자이너 송영자 할머니와 이야기를 나눠 보죠. 디자이너가 되신 지 얼마나 되셨어요?

2년 정도 되었고, 봉제 공장에서 재봉사로 일한 건 50년이 넘었어.

우와, 50년이요. 봉제 공장은 어떤 곳인가요?

재봉틀로 옷과 인형, 이불을 만드는 곳이지. 봉제 공장은 참 바빴어. 일이 많을 때는 밤을 꼬박 새우며 일했지.

밤을 새워요? 근로기준법에 어긋나는데…….

맞아. 예전에는 근로기준법을 지키지 않는 공장이 많았어. 노동자들에게 근로기준법을 가르쳐주는 곳이 없었어. 너희들은 근로기준법을 알고 있는 걸 보니, 요즘은 학교에서 근로기준법을 배우나 보지?

노동에 관한 기사를 쓰면서 알게 된 거예요. 독일이나 프랑스는 학교에서 노사 협상하는 걸 연극으로 배우기도 하고, 근로계약서 쓰는 법도

배운대요.

 우리도 가르쳐야 해. 나는 일한지 한참 뒤에야 최저임금, 근로시간이 법으로 보장되어 있다는 걸 알았어. 하루에 12시간 넘게 일하는데 최저임금보다 못한 임금을 받고 있었지. 그래서 노동조합을 만들어서 회사랑 협상해서 임금을 올리고, 노동 시간도 줄였어. 그런데 요즘 노동자들은 몇 시간 일하니?

 대부분 대기업은 하루에 8시간, 주(일주일) 40시간이고, 노동자와 회사가 합의하면 쉬는 날 노동까지 포함해서 12시간을 늘릴 수 있어요. 주 52시간을 일하는 거죠. 그전까지는 주 60시간 또는 68시간까지 일했대요. 그런데 일을 오래 하면 임금도 많이 받고 좋은 거 아니에요?

 잠이 쏟아지는데 공부하면 다음 날 기억이 잘 안 나잖아. 일을 오래 하면 잠이 오는 것처럼 집중력이 약해져서 결과가 나쁘지. 실수나 사고가 일어날 수도 있어. 그래서 알맞은 노동 시간을 정한 거야. 노동 시간을 지키면 일자리도 늘어나. 24시간 돌아가는 봉제 공장이 있어. 12시간씩 2명의 재봉사가 돌아가며 일하던 걸 8시간으로 줄이면 재봉사가 1명 더 필요하잖아. 노동 시간이 줄은 2명의 재봉사는 그 시간을 가족과 보내거나 자신을 위해 쓸 수 있지. 충분히 쉴 수도 있잖아. 힘들게 일하고 임금을 더 받는 게 행복할지, 자신의 시간을 즐기며 건강하게 일하는 것이 행복한지는 노동자가 선택해야 한단다.

 인터뷰를 통해 노동 시간의 중요성을 알게 되었어요. 정말 감사합니다.

내 꿈은 편의점 사장

편의점 파라솔 아래에 앉아 아빠와 아이스크림을 먹었어요. 아빠가 봄바람을 마시며 웃었어요.

"오랜만에 이렇게 쉬네. 엄마 잔소리 안 들으니까 더 좋다."

아빠 편을 들긴 했지만 아빠가 빗길에 자동차를 빨리 몰고, 길에 차를 함부로 세우는 일은 위험하다고 생각해요.

"그런데 아빠, 왜 그렇게 차를 빨리 몰아? 주차 위반도 하면 안 되잖아."

"아빠도 알지. 인터넷 설치하러 간 곳에 주차장이 없으면 할 수 없이 길에 차를 세워야 해. 방문 시간을 지키려다 보니 과속도 하게 되고. 늦어도 이해해주는 분이 있지만 화를 내는 분도 있거든. 친절 점수를 받아야 하니까……."

아빠가 파라솔 의자에 기대며 말했어요. 아빠 뒤로 계산대에서 돈을

세고 있는 편의점 사장님과 진열 상품을 정리하는 직원이 보였어요. 아빠가 편의점 사장이면 좋겠어요. 위험한 일도 안 하고, 친절 점수 걱정도 없잖아요.

"아빠도 편의점 하면 좋겠다."

그때 편의점 사장님이 밖으로 나와 파라솔 주위를 정리했어요.

"일은 직원이나 아르바이트가 다 하고 편의점 사장님은 돈만 계산하면 되잖아. 출근 시간도 따로 없고, 다 자기 마음대로잖아."

말하다 보니 편의점 사장이 제일 편한 직업 같아요. 나도 편의점 사장이 되어서 삼각 김밥이랑 과자도 마음껏 먹고, 편하게 돈을 벌고 싶어요. 내 말에 편의점 사장님이 다가와 말했어요.

"나도 열심히 일해. 밤에 잠 한숨 못 자고 일하고, 지금 나온 거야. 물건 들어오는 날은 정리하느라 허리가 끊어지는 거 같아. 세상에 쉬운 일은 없어."

편의점 사장님이 이렇게 말하고는 가게 안으로 들어갔어요. 아빠가 고개를 끄덕였어요.

"맞아. 어떤 일이든 나름대로 힘든 부분이 있는 거야. 저기 하준아, 엄마한테 왜 뿔이 났어? 말도 함부로 하는 거 같고."

"엄마는 일도 안 하면서 잠만 자고, 요즘은 힘들다고 밥도 잘 안 차려

쳐. 다른 엄마들은 멋진 정장 입고 회사 다니면서 스마트폰도, 장난감도 잘 사준단 말이야."

아빠가 머리를 긁적이며 말했어요.

"엄마가…아기를…가져서 힘들어서 그런 거야. 의사 선생님이 엄마 몸이 많이 약해져서 가만히 누워 있어야 한대. 이제부터 우리가 집안일을 해야 해. 네 방 정리랑 준비물은 챙길 수 있지?"

아빠의 말에 심장이 두근거렸어요. 그래서 엄마가 매일 늦잠을 자고, 음식 냄새만 맡으면 헛구역질을 한 거예요. 나는 아이스크림을 크게 한 입 먹었어요. 머리가 띵해요. 동생이 생긴다니, 기분이 이상해요.

토요일 아침, 우당탕 소리에 나는 거실로 나갔어요. 쌀이 눈처럼 바닥에 뿌려져 있어요. 아빠가 머리를 긁적이고 있었어요. 엄마가 쌀을 쓸어 담으려고 하자, 아빠가 재빨리 말리며 말했어요.

"하준이랑 내가 치울게."

"엄마는 쉬어야지."

내 말에 엄마가 빙그레 웃었어요. 나는 엄마를 침대에 눕히고, 이불을 덮어주었어요. 아빠가 손으로 쌀을 쓸어 담고 있어요.

"아빠, 청소기로 빨아드리면 어떨까?"

아빠가 벌떡 일어나며 말했어요.

"그래, 어차피 씻어 먹는 거잖아."

아빠가 청소기 버튼을 누르자, 엄마가 소리쳤어요.

"안 돼. 그냥 주워 담아. 쌀에 먼지 묻으면 못 먹어."

아빠가 청소기를 끄고 주위를 두리번거리며 말했어요.

"엄마가 어떻게 알았지? 여기 CCTV가 있나."

우리는 눈을 맞추며 키득거렸어요. 겨우 정리를 하고 밥을 하려는데 아빠 휴대폰으로 전화가 왔어요. 아빠가 고객과 한참 통화를 했어요. 아빠가 인터넷을 설치한 집의 컴퓨터가 말썽을 부리는 모양이에요.

"고객님 설치할 때도 말씀드렸지만 컴퓨터 사양이 낮은 데다가 오래되어……."

아빠가 아무리 설명을 해도 듣지 않았어요. 당장 와서 고치라는 말이 수화가 너머로 터져 나왔어요. 아빠 얼굴이 빨갛게 달아올랐어요. 나는 수화기를 뺏어서 우리 아빠에게 그러지 말라고 소리치고 싶었어요. 하지만 아빠가 끝까지 친절하게 말하는 걸 보고 꾹 참았어요. 아빠는 토요일 근무 담당자에게 전화를 걸었어요. 담당자가 먼 지역으로 설치를 나간 모양이에요.

어쩔 수 없이 회사에 얘기하고 나갈 준비를 했어요. 나는 씩씩거리며 말했어요.

"아빠 잘못이 아닌데, 왜 아빠한테 화를 내?"

아빠가 가방을 챙기며 말했어요. 가방 때문에 아빠 어깨가 처졌어요.

"후, 인터넷이 안 되면 일을 못 하니까 화가 날 수도 있어. 밥 되면 반찬이랑 꺼내 먹어. 세탁기 돌려놓았으니 빨래 좀 널어줘. 엄마 자니까 조용히 놀다가 축구 교실 가."

아빠가 서둘러 나갔어요. 오랜만에 쉬는 날인데 화가 난 고객을 만나러 가야 한다니 내 마음도 무거워요. 아빠가 좀 더 편한 일을 했으면 좋겠어요. 전기밥솥에서 알람이 울렸어요.

밥솥 밑에 물이 흥건하고 밥솥 안의 밥은 죽이 되었어요. 아빠가 쌀에 물을 너무 많이 넣은 거예요. 물이 찐득거려서 밥솥을 닦는 데 한참 걸렸어요. 반찬은 김치뿐이에요. 괜찮아요. 고소한 죽에 김치를 올려 먹으면 먹을 만하거든요.

"으, 맛이 왜 이래."

쌀이 어석거리고 입안이 끈적거려요. 엄마가 만든 죽이랑 너무 달라요. 싱크대에 그릇을 담가 놓고 청소기를 돌렸어요. 화장실 매트 밑을 청소기로 미는데, 쿨렁거리며 뭔가 들어가는 소리가 났어요. 갑자기 청소

기가 헛돌아요. 덩어리 같은 게 청소기 입구를 꽉 막아 버렸어요. 젓가락으로 꺼내려고 하자 안으로 더 들어가 버려요.

"왜 이렇게 안 나와."

내가 큰 소리로 말하는 바람에 엄마가 일어났어요. 엄마가 능숙하게 옷걸이를 막대기처럼 길게 만들어서 청소기 입구로 넣었어요. 옷걸이를 살살 돌리자 돌돌 말린 양말이 나왔어요. 작은 공룡 무늬가 있는 내 양말이에요.

"청소하기 전에 집안을 정리하고 바닥을 치워야 해. 공룡 양말이 어디서 웅크리고 있을지 모르거든."

엄마가 장난스럽게 나를 노려봤어요. 그때 세탁기 알람이 울렸어요.

"아빠가 세탁기 돌리고 갔구나."

엄마가 세탁기를 여는데 뚜껑에 거품이 가득 붙어 있어요. 엄마가 고개를 절레절레 흔들며 말했어요.

"세제를 얼마나 넣은 거야? 다시 돌려야겠다. 어? 속옷이랑 겉옷이랑 같이 놀렸네. 따로 빨아야 하는데."

엄마가 회색 얼룩이 생긴 속옷을 꺼냈어요.

"에이, 얼룩 빼려면 삶아야겠다. 하준아, 축구 교실 갈 시간 안 됐어?"

3시가 넘었어요. 축구 교실은 이미 끝났어요. 시간이 이렇게 간 줄 몰랐어요. 아침부터 아빠랑 둘이 집안일을 했는데 제대로 한 게 없어요. 청소기는 한쪽에 널브러져 있고, 싱크대에는 그릇과 행주가 담겨 있어요.

집안일은 너무 힘들어요. 차라리 학교에서 공부하는 게 더 쉽겠어요. 그때 전화벨이 울렸어요. 윤이가 씩씩거리며 말했어요.

"축구 교실 왜 안 왔어? 너 없어서 우리 팀이 졌어."

"집안일 하느라 못 갔어."

"축구보다 집안일이 중요하냐! 그리고 무슨 집안일을 종일 해. 빨래는 세탁기가 하고……."

윤이의 말에 나도 모르게 버럭 소리를 질렀어요.

"집안일이 얼마나 힘든데. 해도 해도 끝이 없다고."

윤이가 까르르 웃었어요.

"너 꼭 엄마처럼 말한다."

전화를 끊고 나서 엄마와 눈이 마주쳤어요. 그동안 엄마에게 했던 말들 때문에 가슴이 따끔거렸어요. 아빠만 힘든 줄 알았는데 엄마의 집안일도 만만치 않아요. 나는 기자 수첩을 꺼냈어요.

"엄마 인터뷰 좀 해줘."

어린이 기자 수첩

노 동 집 중 탐 구

꼭꼭 숨은 노동, 가사 노동

문하준 기자

엄마를 돕겠다고 집안일을 했는데 집을 엉망진창으로 만들었어요. 집안일, 정말 힘들었어요. 그래서 엄마 정소연 씨를 모시고 궁금한 것들을 물어보겠습니다. 그런데 집안일도 노동인가요?

집안일을 가사 노동이라고 해요. 힘들어도 그만두지 못하는 평생직장이에요.

노동을 하면 임금을 받는데, 엄마는 돈을 안 받잖아요.

그것뿐이 아니에요. 출·퇴근 시간이 없어요. 하루 10시간 넘게 일하고, 쉬는 날도 없어요. 아이도 돌봐야 하니 정말 바쁘죠.

엄마 일이 이렇게 힘든 줄 몰랐어요.

가사 노동은 엄마만의 일은 아니에요. 가족이 함께하는 일이죠. 부부가 똑같이 직장에 다녀도 가사 노동은 여자의 일로 생각해요. 직장 일에, 가사 노동까지 하면 잠자는 시간만 빼고 계속 일을 하는 거죠.

 불공평하네요. 그동안 엄마가 방 청소와 준비물 챙겨주는 게 당연하다고 생각했는데 제 일이었어요. 죄송하고, 고마워요.

 그렇게 생각해주니 고마워요. 가족과 아이를 위해 일하는 건 뿌듯하기도 해요. 가사 노동을 가족이 함께한다면 모두 보람되고 즐거울 거예요. 그런데 우리 사회에는 가사 노동처럼 제대로 대우를 받지 못하는 노동자들이 있어요.

 그런 일을 막기 위해 최저임금제가 있잖아요.

 그렇죠. 나라에서 노동자가 안정적인 생활을 할 수 있는 최저 기준을 정해서 최저임금을 결정하죠. 최저임금은 말 그대로 가장 낮은 단계인 최저에요. 그런데 더 높이 평가받아야 할 임금을 최저임금에 맞추는 회사가 있어요. 법을 속여 최저임금조차도 안 주는 회사도 있어요. 최저임금과 근로기준법은 이것만큼은 지키라는 것이죠. 열심히 일한 사람은 최저의 생활이 아니라 행복하고 여유로운 생활을 할 권리가 있어요.

 노동자가 일한 가치에 맞게, 행복하게 생활할 수 있도록 임금을 받는 것이 중요하군요. 그리고 엄마 덕분에 가사 노동의 가치도 알게 됐어요. 가사 노동은 가족이 함께하는 거란 걸 친구들에게도 알려줄래요.

아빠는 행복한 노동자예요

"기사 써 온 거 앞으로 가져와요."

선생님 말에 나는 벌떡 일어났어요. 먼저 윤이와 같이 쓴 재봉틀 디자이너 할머니 기사를 냈어요.

"선생님, 인터뷰 기사 하나 더 썼어요."

나는 엄마의 인터뷰 기사를 내밀었어요. 선생님이 기사 첫 줄을 보며 말했어요.

"응, 한번 읽어 볼게."

자리로 돌아가려다 선생님을 보았어요. 동네에서 만난 노동자들을 신문에 모두 소개하고 싶어요.

"선생님, 저희가 만난 노동자들을 신문에 다 실을 수는 없나요?"

선생님이 기사를 읽다가 나를 봤어요. 윤이가 자리로 돌아가려다 내 옆에 서며 말했어요.

"맞아요. 신문에 몇 명만 소개하는 건 불공평해요."

선생님이 우리를 보았어요.

"선생님도 그러고 싶지만 분량이 정해져 있어서 그럼 다른 기사를 빼야 해. 너희들이 좋은 방법을 생각해 볼래?"

"네!"

우리는 동시에 대답을 하고 자리로 돌아왔어요. 나는 수첩을 살펴봤어요. 그동안 만난 여행사 직원들, 경비원, 학교 청소원, 급식 조리사, 정말 많아요. 윤이가 스마트폰 사진을 보며 말했어요.

"사진을 다 실을까? 안 되겠지, 신문이 사진으로 꽉 차겠지?"

"응. 한꺼번에 사진을 다 넣을 수는 없을까? 지도는 세계를 다 담아도 한 장으로 끝인데."

내 말에 윤이가 손뼉을 쳤어요.

"그거야. 동네 지도를 그리고 열심히 일하는 노동자들을 그려 넣는 거야."

나는 머릿속으로 동네 지도를 그렸어요. 길을 깔고 있는 노동자도 넣고, 오토바이를 타고 달리는 우체부, 출근을 하는 아빠, 엄마들도 다 넣을 수 있어요. 나도 모르게 큰 소리로 말했어요.

"좋아! 얼른 만들자."

커다란 스케치북에 동네 지도를 만들고 노동자들을 그려 넣었어요. 기사를 고치고 있던 기자단들이 우리에게 모여들었어요. 4학년 형이 환경미화원을 보며 말했어요.

"우리 동네가 이렇게 컸구나. 환경미화원분들이 이렇게 큰 동네를 청

소하고 있었네. 그런데 이분들은 사무실도 없는데 어디서 쉬시니?"

윤이가 버스정류소 뒤, 작은 컨테이너를 가리키며 말했어요.

"여기나 공원 정자에서 쉬신데요."

5학년 누나가 중국집 앞에 있는 주방장 아저씨를 보며 말했어요.

"여기 짜장면 진짜 맛있는데, 주방장 아저씨도 노동자구나. 노동자는 공장이나 사무실에 있는 줄 알았는데 우리 가까이에 있었어."

기자단이 동네 지도를 꼼꼼하게 보았어요. 나는 기자 수첩을 보며 취재한 사람 중에 빠진 사람이 없나 보았어요. 이런! 윤이 아빠를 잊었어요. 나는 버스를 기다리는 사람들 사이에 양복을 입고 사원증을 목에 건 윤이 아빠를 그렸어요. 우리 아빠도 이렇게 사무실에서 일하면 얼마나 좋을까요. 윤이가 아빠 그림을 보며 웃었어요.

지도가 꽉 찼는데 자꾸 허전해요. 중요한 사람을 잊어버린 것 같아요. 지도를 뚫어지게 보고 있는데 선생님이 컴퓨터를 두드렸어요.

"이게 왜 이러지?"

기자단이 컴퓨터 앞으로 몰려갔어요. 컴퓨터 화면이 까맣고, 전원을 눌러도 켜지지 않아요.

"기사가 삭제됐으면 어쩌지?"

선생님이 시계를 보다가 급하게 도서관 사무실을 갔다 왔어요. 도서관 직원까지 와서 컴퓨터를 두드렸지만 켜지지 않아요. 모두 선생님을 봤어요. 선생님이 한숨을 크게 쉬며 말했어요.

"컴퓨터를 잘 아는 사람이 없어. 도서관 인터넷까지 나가서 큰일이네. 4시까지는 기사를 보내야 신문이 나오는데. 인터넷 기사님은 5시쯤 오신다고 하고."

선생님 얼굴이 하얗게 변했어요. 어린이 기자들이 웅성거렸어요. 그때 아빠 얼굴이 떠올랐어요. 컴퓨터와 인터넷이라면 우리 아빠가 박사잖아요.

"윤이야, 스마트폰 좀 빌려줘."

나는 아빠에게 전화해서 컴퓨터 문제를 얘기했어요. 다행히 아빠는 미디어도서관 근처에서 일을 끝내고 쉬고 계셨어요. 내 전화에 아빠가 달려 와줬어요. 아빠가 커다란 가방을 메고 얼룩덜룩한 옷 차림으로 왔어요. 아빠 옷의 먼지들이 신경 쓰여요.

아빠가 컴퓨터 앞으로 갔어요. 기자단과 선생님이 아빠만 바라봤어요. 아빠가 컴퓨터 전원 버튼과 자판을 함께 누르자 화면이 켜졌어요. 화면 가득 알 수 없는 영어가 나왔어요. 아빠가 자판을 두드리자 금방 화면이 켜졌어요. 아빠가 꼭 마법사 같아요.

기자단이 함성을 지르자 아빠가 활짝 웃었어요. 내 어깨가 으쓱거렸어요. 아빠가 자리에서 일어서며 말했어요.

"다 됐어요. 파일 복구했는데 한번 확인해 보세요."

선생님이 컴퓨터를 보며 큰 소리로 말했어요.

"기사가 그대로 있어요. 정말 감사합니다. 그런데 기사를 보내야 하는

데 인터넷이 안 돼요."

"제가 한번 볼게요."

아빠가 인터넷 단자 앞으로 갔어요. 도서관 여기저기에서 인터넷 때문에 투덜거리는 소리가 들렸어요. 메일로 대학교에 숙제를 내야 한다는 사람, 급하게 받을 메일이 있다는 사람들이 씩씩거리고 있었어요. 아빠가 단자를 열자 웅성거리던 사람들이 아빠에게 몰려들었어요. 수백 가닥의 선들이 보여요. 아빠가 한 번에 낡아서 뜯어진 선을 발견했어요.

"이 선만 바꾸면 되겠어요."

아빠가 선을 바꾸자마자 사람들이 소리쳤어요.

"와이파이 잡힌다. 우와!"

모두 반짝거리는 눈으로 아빠를 보았어요. 아빠가 미디어도서관에서 일하던 사람들을 구한 거예요. 선생님이 아빠에게 인사를 하며 말했어요.

"하준이 아버님 정말 감사해요. 컴퓨터도, 인터넷도 안 되어서 앞이 캄캄했어요. 아버님 아니었으면 큰일 날 뻔했어요."

어린이 기자단이 소리쳤어요.

"정말 고맙습니다."

"고맙긴, 이게 내 일인걸."

아빠가 활짝 웃으며 말했어요. 갑자기 손의 흉터가 상장이라던 할머니들이 떠올랐어요.

아빠 셔츠에 묻은 얼룩덜룩한 먼지는 상장이었어요. 아빠는 사람들이 인터넷을 자유롭고 편리하게 사용할 수 있도록 하는 일을 하고 있었어요. 아빠가 이렇게 멋진 일을 하고 있었는데 다른 일을 했으면 하고 바랐던 내가 부끄러웠어요.

아빠가 내 어깨를 툭툭 치며 인사를 했어요. 나는 엄지손가락을 번쩍 들었어요. 아빠가 웃으며 일터로 돌아갔어요.

우리는 회의실로 돌아와서 사진과 지도를 스캔해서 기사에 넣었어요. 커다란 프린터기에서 신문 원고가 인쇄되었어요. 선생님이 원고를 나눠 주며 말했어요.

"마지막으로 틀린 글자가 있는지 살펴보세요. 곧 인쇄소에 넘길 거에요."

기자단이 신문을 보았어요. 나는 우리 동네 지도를 보며 고개를 갸웃거렸어요. 할머니들도 들어가고 윤이 아빠까지 있는데 자꾸 무언가 놓친 것 같아요. 나는 우리 동네 노동자 한 명, 한 명을 보았어요. 앗! 중요한 사람들을 빼먹었어요. 신문을 들고 선생님께 갔어요.

"선생님, 지도에 가사 노동을 하는 엄마들이 빠졌어요."

"엄마 인터뷰도 들어가는데, 엄마들을 빼면 안 되지. 그리고 아주 중요한 분을 그리지 않았어."

선생님 말에 깜짝 놀라 신문을 다시 보았어요. 아무리 봐도 빠진 사람이 없어요. 선생님이 웃으며 말했어요.

"우리를 구해준 하준이 아버님이 없잖아."

아빠를 빼다니 있을 수 없는 일이에요. 나는 동네 지도에 가사 노동을 하는 엄마들과 전봇대를 오르며 웃고 있는 아빠를 그렸어요. 완성된 동네 노동자 지도를 선생님께 드렸어요. 며칠 후면 신문이 나올 거예요.

윤이와 함께 만났던 노동자들의 얼굴과 이야기가 떠올랐어요. 나는 힘들고 궂은일이 아니라 누가 봐도 멋진 일을 하고 싶었어요. 재봉틀 디자이너 할머니들과 윤이 아빠, 그리고 우리 엄마와 아빠를 취재하면서 모든 노동은 멋지고 소중하단 걸 깨달았어요. 힘들지만 보람이 크다는 것도 알게 됐어요. 노동은 노동자뿐 아니라 함께 사는 다른 사람까지 행복하게 만들어 주어요.

아직 어떤 노동자가 될지 정하지 못했지만 하나는 분명히 정했어요. 나는 행복한 노동자가 될 거예요. 우리는 모두 행복한 노동자가 될 수 있어요.

어린이 기자 수첩

노 동 집 중 탐 구

청소년 아르바이트

문하준, 박윤 기자

 우리가 한 달 동안 열심히 만든 신문이 드디어 나왔어요. 노동을 주제로 신문을 만들면서 어떤 생각을 했는지 이야기해 봐요.

 열심히 일하는 사람들을 보니 저도 얼른 고등학생이 되고 싶어요. 고등학생이 되면 아르바이트를 할 수 있잖아요. 제힘으로 돈을 벌어서 드론을 사고 싶어요.

 고등학생이 되어도 자유롭게 일할 수 있는 건 아니에요. 청소년 아르바이트는 만 15세부터 할 수 있으나, 청소년들은 부모님이나 보호자의 동의서가 있어야 아르바이트를 할 수 있어요. 만 13세~14세의 청소년은 취직인허증이 있는 곳에서만 일해야 해요. 청소년도 자신의 노동 권리를 위해서 근로계약서를 꼭 써야 하며 하루 7시간 이상, 1주일에 40시간 이상은 일할 수 없어요. 무엇보다 내가 일하기에 안전한지 따져 보는 게 중요해요. 일을 하는 것도 보람되지만 어린 시기에는 학교생활을 통해 다양한 공부와 경험을 쌓고, 친구들과 우정을 쌓는 일이 더 중요해요.

 네, 청소년이 되면 드론 조종사인 제 꿈을 위해 아르바이트도 하고, 학교생활도 열심히 할 거예요.

 청소년도 어른과 같게 최저 임금이 적용된다는 사실도 잊지 마세요. 아르바이트를 하면서 임금을 제대로 못 받거나, 어려운 문제가 생겼을 때는 고용노동부에 도움을 받을 수 있어요.

 네, 잘 알겠습니다. 저는 윤이가 드론 조종사가 되고 싶다고 이야기할 때 부러웠어요. 저는 윤이 보다 더 멋지고, 돈도 많이 벌고, 편하게 일할 수 있는 꿈을 찾아야겠다고 생각했어요. 그런데 신문을 만들면서 생각이 변했어요. 멋진 일이 따로 있는 게 아니라 멋지게 자기 일을 하는 사람이 있다는 걸 알게 됐어요. 여행하는 사람들을 위해 일하는 윤이 아버지, 재봉 일을 하시는 할머니들, 인터넷 설비를 하는 우리 아빠, 가사 노동을 하는 엄마, 모두 자기 일을 소중히 여기며 즐겁게 하고 있었어요. 그 모습들이 멋지고 부러웠어요. 내가 좋아하는 일이 무엇인지, 세상에는 어떤 일이 있는지 살펴보고, 경험해 보고 싶어요. 꿈을 찾는 게 숙제처럼 느껴졌는데, 이제는 즐거워졌어요.

 선생님도 하준이와 윤이를 응원할게요. 행복하고 즐겁게 일하는 사람, 자신의 꿈을 위해 일하는 사람이 되기를 바라요.

지은이의 말

오늘은 어떤 간식을 먹었나요? 선생님은 바삭하고 짭조름한 감자 과자를 먹었어요. 우리가 감자 과자를 먹기 위해서는 많은 노동자가 일을 해야 해요. 감자를 키우는 농부, 과자를 연구하는 연구원, 과자 봉지 디자이너, 감자 과자를 만드는 직원, 전국으로 배달하는 배달원이 있어야 해요. 감자 과자를 사기 위해서 우리도 노동을 해야 해요.

감자 과자를 다 먹어도 노동은 끝나지 않아요. 봉지를 재활용 공장으로 배달하는 분리수거 배달원, 공장에서 분리수거하는 직원이 있어야 해요. 노동은 촘촘히 짜인 거미줄처럼 서로 얽히고설켜 있어요.

이 중의 하나가 끊어지면 어떻게 될까요? 분리수거하는 직원이 없다면 과자 봉지는 쓰레기로 남겨져 환경을 파괴할 거예요. 배달원들이 일을 하지 않으면 감자 과자를 사기 위해 공장까지 가야 해요. 이렇듯 많은 노동자의 노동으로 우리가 편하게 감자 과자를 먹을 수 있는 거예요.

우리가 쓰고, 먹고, 입는 모든 것들, 영화나 방송, 인터넷, 공부하는 학교와 학원은 모두 노동자들의 노동으로 만들어지는 거예요. 그래서 사회 활동 인구 중 70%가 노동자인 거예요. 노동자들이 세계를 만들고 움

직이고 있는 셈이죠. 노동자들은 일할 의무도 있지만 행복할 권리도 있어요. 노동 가치에 맞는 임금을 받아야 하고, 충분한 휴식과 복지를 누려야 해요. 노동자도 스스로 의무와 권리를 위해 노력해야 해요.

여러분도 자라서 선생님, 의사, 공무원, 디자이너, 연예인, 과학자가 되어 회사에 들어가 일을 하게 되면 노동자가 되는 거예요. 그런데 우리는 노동자가 해야 할 의무와 당연히 받아야 할 권리가 무엇인지 잘 모르고 있어요. 노동자에 대해 아는 것은 여러분의 꿈을 위해서도 중요하고, 열심히 일하시는 부모님을 이해하기 위해서도 필요해요.

이 책을 읽으면서 노동과 노동자에 대한 생각을 넓혀 보세요. 여러분의 꿈을 찾는 데 도움이 되었으면 해요. 여러분이 어떤 꿈을 꾸든 행복하고 즐겁기를 바라며, 어른이 되어서도 스스로 행복할 수 있는 멋진 노동자가 되기를 바랍니다.

유혜진

초등학생이 꼭 알아야 할
노 동   이 야 기
우리 아빠는
행복한 노동자예요

초판 1쇄 발행 2019년 7월 15일
초판 2쇄 발행 2020년 7월 8일

지은이 유혜진
그린이 이유나
펴낸이 문미화
펴낸곳 도서출판 책읽는달
주 소 서울 서대문구 가재울로 45, 105-1204
전 화 02)326-1961/02)326-0960
팩 스 02)6924-8439
블로그 http://blog.naver.com/booknmoon2010
출판신고 2010년 11월 10일 제2016-000041호

ⓒ 유혜진, 이유나 2019

ISBN 979-11-85053-45-5 74370
ISBN 979-11-85053-38-7 (세트)

※ 이 책의 무단전재와 무단복제를 금하며, 책 내용의 전부 또는 일부를 이용하려면 반드시 책읽는달의 동의를 받아야 합니다.
※ 잘못된 책은 본사나 구입하신 곳에서 바꾸어 드립니다. 책값은 뒤표지에 있습니다.
※ 책읽는달은 여러분의 아이디어와 원고를 기다리고 있습니다.
   소중한 책으로 남기고 싶은 아이디어나 원고가 있으신 분은 bestlife114@hanmail.net으로 보내주세요.

어린이제품안전특별법에 의한 표시사항

제조자명 도서출판 책읽는달 **주소** 서울 서대문구 가재울로 45, 105-1204
전화 02)326-1961 **제조연월** 2019년 7월 **제조국** 대한민국 **사용연령** 7세 이상
⚠ **주의** 책을 떨어뜨리거나 던져서 다치지 않게 주의하세요. 책을 입에 물지 마시고 책에 손이 베일 수 있으니 주의하세요.